Primeira edição em língua inglesa em 2013.
Primeira edição em língua portuguesa em 2014.
Primeira reimpressão em 2017.

Título original:
What is Meditation?

Tradução do original autorizada pelo autor.

Tradução, Revisão e Diagramação Tharpa Brasil

Dados Internacionais de Catalogação na Publicação (CIP)

Kelsang,Gyatso (Geshe), 1932-
O que é meditação? / Geshe Kelsang Gyatso; tradução Tharpa Brasil - São Paulo: Tharpa Brasil, 2017. (Budismo para crianças, 4).
32p.

Título original em inglês: What is Meditation?

ISBN 978-85-85928-81-0

1.Budismo. 2. Budismo/histórias infantis.
CDD-294.3

Índices para catálogo sistemático:
1. Budismo: Religião 294.3

Este livro é publicado sob os auspícios do **Projeto Internacional de Templos da NKT-IKBU**, e o lucro recebido com a sua venda está direcionado para benefício público através desse fundo.
[Reg. Charity number 1015054 (England)]
Para mais informações:
tharpa.com/br/beneficie-todos

2017

EDITORA THARPA BRASIL
Rua Artur de Azevedo, 1360
05404-003 São Paulo SP Brasil
+55 11 3476 2328
contato.br@tharpa.com
www.tharpa.com/br

O que é Meditação?

GESHE KELSANG GYATSO

Budismo para Crianças – Nível Quatro

THARPA BRASIL

São Paulo, 2017

O que é Meditação?

Tathagata Luz Gloriosa

Tathagata O Glorioso Sem Pesar • Tathagata Filho Sem Ânsia

Meditação é uma ação mental. A natureza da meditação é ser uma concentração estritamente focada, e a função da meditação é tornar nossa mente pacífica e calma. Queremos ser felizes o tempo todo: esse desejo existe até mesmo durante nossos sonhos. Como podemos conseguir isso? Podemos realizar esse desejo treinando meditação, porque a meditação torna a nossa mente pacífica. Quando nossa mente está pacífica, ficamos felizes o tempo todo, mesmo que as condições exteriores sejam pobres. Por outro lado, quando nossa mente não está em paz, não ficamos felizes, mesmo que as condições exteriores sejam as melhores. Podemos entender isso por meio de nossas próprias experiências. Já que o método verdadeiro para tornar nossa mente pacífica é treinar meditação, precisamos nos esforçar para treinar meditação. Sempre que meditamos, estamos fazendo uma ação, ou carma, que faz com que

Tathagata Flor Gloriosa

Tathagata Que Conhece Claramente Através do Deleite da Radiância Pura • *Tathagata Que Conhece Claramente Através do Deleite da Radiância do Lótus*

experienciemos paz mental no futuro. A partir dessa explicação, podemos entender que a prática da meditação é muito importante.

Os objetos de nossa meditação precisam ser objetos significativos, para que possamos, pelo treino em meditação, nos libertar para sempre de todos os sofrimentos desta vida e das nossas incontáveis vidas futuras e alcançar a felicidade suprema da iluminação, da mesma maneira que Buda o fez. Esse é o melhor exemplo para nós. No entanto, no início podemos utilizar nossa respiração como objeto de meditação e praticar meditação respiratória, que é bastante simples.

Como praticar meditação respiratória? Primeiro, devemos relaxar física e mentalmente e parar de pensar em qualquer coisa. Depois, de maneira gentil e natural, inalamos e exalamos pelas narinas

Tathagata Riqueza Gloriosa

Tathagata Contínua-Lembrança Gloriosa • Tathagata Nome Glorioso de Grande Renome

– mas não pela boca – e nos concentramos, de modo estritamente focado, na sensação do ar entrando e saindo pelas narinas. Devemos permanecer concentrados nessa sensação pelo maior tempo possível. Se depois disso, nossa mente ainda continuar agitada, devemos repetir a meditação respiratória mais vezes, até que nossa mente se torne completamente tranquila. Depois, devemos aplicar esforço para manter a mente em paz dia e noite, continuamente. Desse modo, você poderá fazer feliz a si mesmo e aos seus amigos e familiares, o tempo todo.

O livro ***Novo Manual de Meditação*** explica 21 objetos de meditação – todos eles são objetos significativos. Mas três deles são essenciais. Esses objetos são: renúncia, o supremo bom coração e a visão profunda sobre a vacuidade.

Tathagata Rei do Estandarte da Vitória, Líder dos Poderosos

Tathagata O Glorioso Completo Subjugador • Tathagata Grande Vencedor na Batalha

Renúncia não significa abandonar nossos amigos, familiares e prazeres humanos. Renúncia é uma realização interior – não é uma ação física. Para desenvolver renúncia em nossa mente, Buda aconselhou: "Você precisa conhecer os sofrimentos". Ao dizer isso, Buda está aconselhando que devemos conhecer os insuportáveis sofrimentos que iremos experienciar em nossas incontáveis vidas futuras e, por causa disso, desenvolver renúncia: a determinação de nos libertarmos desses sofrimentos para sempre.

Em geral, todos os que têm dor física ou mental – até mesmo os animais – conhecem seus próprios sofrimentos. Mas quando Buda diz "Você precisa conhecer os sofrimentos", ele quer dizer que precisamos conhecer os sofrimentos das vidas futuras. Conhecendo esses sofrimentos, desenvolveremos um forte desejo de nos libertar deles. Esse conselho prático é importante para todos porque, se

Tathagata O Glorioso Completo Subjugador Que Passou Além

Tathagata Hoste Gloriosa Que Tudo Ilumina • Tathagata Joia Lótus Grande Subjugador

tivermos o desejo de nos libertar dos sofrimentos das vidas futuras, definitivamente iremos usar nossa vida humana atual para a liberdade e a felicidade de nossas incontáveis vidas futuras. Não existe maior sentido para a nossa vida que esse.

Se não tivermos esse desejo, iremos desperdiçar nossa preciosa vida humana apenas para a liberdade e a felicidade desta breve vida. Isso seria uma tolice, porque nossa intenção e nossas ações não seriam diferentes da intenção e das ações dos animais, que estão somente preocupados com esta vida. Certa vez, o grande iogue Milarepa disse para um caçador, chamado Gonpo Dorje:

> *"O teu corpo é um corpo humano, mas a tua mente é a mente de um animal. Tu, um ser humano que tens uma mente animal, por favor, ouve a minha canção."*

Normalmente, acreditamos que resolver os sofrimentos e problemas da nossa vida atual é a coisa mais importante; por isso, dedicamos a vida inteira para esse objetivo. Na verdade, a duração dos sofrimentos e problemas desta vida é muito curta: se morrermos amanhã, nossos sofrimentos e problemas acabarão amanhã. No entanto, já que a duração dos sofrimentos e problemas das vidas futuras é sem-fim, a liberdade e a felicidade de nossas vidas futuras são imensamente mais importantes que a liberdade e felicidade desta breve vida. Com as palavras "Você precisa conhecer os sofrimentos", Buda incentiva a usarmos nossa vida humana atual para preparar a liberdade e a felicidade de nossas incontáveis vidas futuras. As pessoas que fazem isso são verdadeiramente sábias.

Nas vidas futuras, quando renascermos como animal – uma vaca ou um peixe, por exemplo – iremos nos tornar a comida de outros seres vivos e teremos de experienciar muitos outros tipos de sofrimento animal. Eles não têm liberdade e são usados pelos seres humanos para comida, trabalho e diversão. Os animais não têm a oportunidade de se aperfeiçoarem, ou melhorarem. Mesmo que ouçam as preciosas palavras do Dharma, elas são sem sentido para eles, como um vento que sopra. Quando renascermos como fantasma faminto, não teremos sequer uma minúscula gota de água para beber – nossa única água serão nossas lágrimas. Experienciaremos os insuportáveis sofrimentos da sede e da fome por muitas centenas de anos. Quando renascermos como um ser-do-inferno nos infernos quentes, nosso corpo irá se tornar inseparável do fogo, e os outros somente serão capazes de distinguir nosso corpo do fogo por ouvir nossos gritos de sofrimento. Teremos de experienciar o tormento insuportável do nosso corpo

Tathagata Rei do Monte Meru,
Sentado Firmemente numa Joia e num Lótus

ser queimado por milhões de anos. Assim como todos os demais fenômenos, os reinos do inferno não existem inerentemente: eles existem como meras aparências para a mente, do mesmo modo que os sonhos.

Quando renascermos como um deus do reino do desejo, iremos experienciar, ou sentir, grande conflito e descontentamento. Mesmo que experienciemos um pouco de prazer superficial, nossos desejos irão se tornar ainda mais fortes e teremos, até mesmo, mais sofrimento mental que os seres humanos. Quando renascermos como um semideus, seremos sempre invejosos da glória dos deuses e, por causa disso, teremos grande sofrimento mental. Nossa inveja será como um espinho penetrando em nossa mente e nos fazendo sentir sofrimento físico e mental por longos períodos. Quando renascermos como ser humano, teremos de experienciar vários tipos de sofrimentos e problemas humanos, como os sofrimentos do nascimento, doença, envelhecimento e morte.

Depois de estudar e compreender o significado desses ensinamentos, precisamos então desenvolver uma forte determinação, pensando: "Eu preciso me libertar, para sempre, dos sofrimentos das minhas incontáveis vidas futuras". Você precisa meditar nessa determinação, que é a *renúncia* propriamente dita. Você precisa, também, praticar essa meditação todos os dias e aplicar esforço para manter sua determinação dia e noite, sem esquecê-la. O verdadeiro método para nos libertarmos, para sempre, dos sofrimentos de nossas incontáveis vidas futuras é a meditação sobre a visão profunda da vacuidade. Explicações claras e detalhadas sobre essa meditação podem ser encontradas no livro ***Budismo Moderno***.

Os ensinamentos de Buda apresentados neste livro são, principalmente, para crianças, mas qualquer pessoa que estude e pratique esses ensinamentos irá experienciar grandes resultados.

Orientações para uma Meditação Respiratória Simples

Orientações para uma Meditação Respiratória Simples

Sente-se confortavelmente e certifique-se de que suas costas estejam retas, seus olhos estejam parcialmente fechados e que suas mãos estejam descansando gentilmente em seu colo. Se você quiser, coloque sua mão direita sobre a palma de sua mão esquerda, com os polegares levantados e tocando-se de leve.

Agora, relaxe mentalmente e pare de pensar em qualquer coisa.

De modo gentil e natural, inale e exale pelas narinas, mas não pela boca, e fique consciente do ar entrando e saindo pelas narinas.

Essa sensação é o seu objeto de meditação. Tente se concentrar nessa sensação e exclua todo o resto.

Se qualquer pensamento surgir, resista à tentação de segui-lo e permaneça estritamente focado na sensação do ar entrando e saindo pelas narinas.

Se você notar que sua mente está divagando e seguindo seus pensamentos, retorne imediatamente para a sensação da respiração e concentre-se nela, de modo estritamente focado.

Repita isso tantas vezes quanto necessário, até que a mente fique fixa na respiração e se torne calma.

Conforme seus pensamentos distrativos diminuírem, você irá sentir uma sensação de paz interior e relaxamento. Sua mente irá se tornar lúcida e parecerá espaçosa, ampla, e você irá se sentir renovado.

Permaneça nesse estado mental durante alguns momentos.

Tome a determinação de tentar manter essa experiência de paz interior e leve-a para a sua vida diária.

Quando você se sentir pronto, relaxe sua concentração e saia da meditação.

Você deve aplicar esforço para permanecer continuamente em paz, dia e noite. Desse modo, você poderá fazer feliz a si mesmo e aos seus amigos e familiares, o tempo todo.

Sobre o Autor

Geshe Kelsang Gyatso, ou Geshe-la , como é afetuosamente chamado por seus alunos, é um mestre de meditação budista renomado internacionalmente e que foi pioneiro na introdução do Budismo Moderno na sociedade contemporânea.

Por meio de seu exemplo pessoal, de seus textos e de seus ensinamentos públicos, ele demonstra de que modo todas as pessoas, budistas ou não-budistas, podem, seguindo os conselhos de Buda, aprender a se tornar sábias e mais compassivas.

Geshe Kelsang é o fundador do Projeto Internacional de Escolas Kadampa, que foi inaugurado em setembro de 2012, com a abertura da primeira Escola Primária Kadampa Internacional, em Derbyshire, Inglaterra.

A coleção *Budismo para Crianças*:

A coleção **Budismo para Crianças** convida as crianças a fazerem uma viagem de autodescoberta e autoaperfeiçoamento para ajudá-las a realizarem seu pleno potencial.

O propósito não é convertê-las ao Budismo, mas simplesmente mostrar como todas as pessoas, budistas ou não-budistas, podem aprender algo a partir dos ensinamentos de Buda.

Estes livros dirigem-se ao leitor de uma maneira madura, usando a vida e os ensinamentos de Buda como uma base para explorar muitas das questões e preocupações que afligem as crianças de hoje.

Embora estes livros sejam escritos principalmente para crianças, qualquer pessoa que deseje uma explicação clara sobre a essência do Budismo e como ele se aplica à vida moderna irá se beneficiar grandemente ao lê-los.

Para mais informações sobre livros, áudios e ilustrações sobre Budismo e Meditação, visite a página **www.tharpa.com/br**

Budismo para Crianças: Nível Um

A História de Angulimala

Budismo para Crianças: Nível Dois

A História de Buda

Budismo para Crianças: Nível Três

O que é o Budismo?

Budismo para Crianças: Nível Quatro

O que é Meditação?